Ingeniería asombrosa

Una casa de jengibre

Componer números del 11 al 19

Logan Avery

Queremos hacer una casa de jengibre.

Podemos contar
lo que tenemos.

10 gomitas verdes

3 gomitas rojas

10 caramelos naranjas

4 caramelos marrones

10 grageas de
jalea rosas

5 grageas de
jalea azules

10 bastones de caramelo rojos y blancos

6 bastones de
caramelo verdes y
blancos

10 golosinas agrias amarillas

9 golosinas agrias naranjas

Terminamos nuestra casa de jengibre. ¡Nos divertimos mucho!

⚙Resolución de problemas

Cuenta las chispas de chocolate para la casa de jengibre. Usa imágenes, objetos y números para resolver los problemas.

1. Usa marcos de diez y números para mostrar cuántas chispas de chocolate hay.

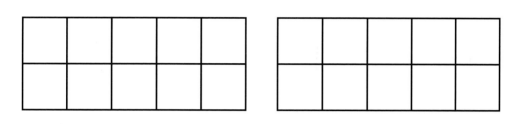

☐unidades y ☐unidades más

2. Escribe una ecuación para igualar tus marcos de diez.

____ + ____ = ____

Soluciones

1.

10 unidades y 7 unidades más

2. 10 + 7 = 17

Asesoras

Nicole Belasco, M.Ed.
Maestra de jardín de niños, Distrito Escolar Colonial

Colleen Pollitt, M.A.Ed.
Maestra de apoyo de matemáticas, Escuelas Públicas del Condado de Howard

Créditos de publicación

Rachelle Cracchiolo, M.S.Ed., *Editora comercial*
Conni Medina, M.A.Ed., *Redactora jefa*
Dona Herweck Rice, *Realizadora de la serie*
Emily R. Smith, M.A.Ed., *Realizadora de la serie*
Diana Kenney, M.A.Ed., NBCT, *Directora de contenido*
June Kikuchi, *Directora de contenido*
Véronique Bos, *Directora creativa*
Robin Erickson, *Directora de arte*
Caroline Gasca, M.S.Ed, *Editora superior*
Stacy Monsman, M.A.Ed., *Editora*
Karen Malaska, M.Ed., *Editora*
Michelle Jovin, M.A., *Editora asociada*
Sam Morales, M.A., *Editor asociado*
Fabiola Sepúlveda, *Diseñadora gráfica*
Jill Malcolm, *Diseñadora gráfica básica*

Créeditos de imágenes: Todas las imágenes provienen de iStock y/o Shutterstock.

Library of Congress Cataloging-in-Publication Data

Names: Avery, Logan, author.
Title: Ingenier?ia asombrosa. Una casa de jengibre : componer numeros del 11 al 19 / Logan Avery.
Other titles: Engineering marvels. Gingerbread house. Spanish | Casa de jengibre
Description: Huntington Beach : Teacher Created Materials, Inc., [2020] | Series: Mathematics readers | Audience: K to grade 3.
Identifiers: LCCN 2018052854 | ISBN 9781425828325 (pbk.)
Subjects: LCSH: Gingerbread houses--Juvenile literature. | Counting--Juvenile literature.
Classification: LCC TX771 .A92518 2020 | DDC 641.86/54--dc23 LC record available at https://lccn.loc.gov/2018052854

Teacher Created Materials

5301 Oceanus Drive
Huntington Beach, CA 92649-1030
www.tcmpub.com

ISBN 978-1-4258-2832-5

© 2020 Teacher Created Materials, Inc.
Printed in China
Nordica.082019.CA21901320